Anke Ortlieb

Mäh! Maa! Möh!

Un de oll Schatztruh

Rosa, Moppel un de oll Hammel Fuch sünd drei plietsche un mutige Schåp, de in ehr Schåpsläwen all ornlich wat bilääft hemm': Plattschnacken hemm' sei bi ehr'n ollen Buern Heini lihrt. De würd denn åwer krank, un ehr niege Fomilie wier nich gaut tau ehr. Dorüm sünd de drei in de wiede Welt treckt, hemm' denn Schlachter, denn Wulf un denn Jäger œwerlääft un ein nieges Tauhus funnen. Bi Jörg, ein'n Plattschnacker, is dat Schåpsläwen nu wedder kommodig un vull Fräden. Up denn Hoff gifft dat ok Häuhner un 'ne drieste, rode Katt, de Fussel heiten deit. Achter Jörg sien Hus ünner de Appelböm is 'ne grote Wisch, un wenn de Schåp de affräten hemm', denn treckt Jörg mit ehr dörch't Dörp, œwer't Feld tau 'ne niege Wisch. Tauierst Jörg, achteran Fussel, denn Fuch un Rosa un an't Enn de dicke Moppel. Up Moppel möten sei ümmer 'n bäten täuwen, sei is nich so fix, hett dat Mul giern in de Büsch tau'n Fräten.

Mit ehr'n Jörg is dat so 'ne Såk! Hei is nich as de annern Lüd. 'Ne Fru un Kinner hett hei nich un is doch all œwer dörtig Johr olt. Dat hei Schåp un kein Gråsmaschin nich hett, is schnurrig, hett åwer sien Ordnung. Dor willen sei leiwers de Schnut hollen. Blots Jörg sien Gorden süht nich so akkråt ut as bi de Nåwers. Hei vertellt ümmer wat von »Permakultur«. Wat, bitte, sall dat denn sin? Un denn hett Jörg noch so 'ne anner Egenoort. Hei sammelt ollen Krimskråms: olle Möbel, olle Kledåschen un noch anner Tüüchs. In de Schün steiht 'ne oll, plöterig Truh. »Dat is mien gröttsten Schatz«, secht hei giern. Wat dor woll in is, willen de Schåp giern weiten. »Gold un Sülwer villicht?«, meint Rosa verdröömt. »Orrer wat Gaudes tau'n Fräten!«, is sik Moppel säker. »Åwer worüm steiht Jörg sien gröttsten Schatz in de Schün un nich in't Hus?«, wunnert sik Fuch.
Kein Wunner also, dat Jörg kein Fru nich hett! Nich, dat de Schåp em dat nådrågen. Wat sallen sei mit 'ne Fru! Åwer keinein is giern allein up de Welt. Dat is bi de Dierte ja nich anners.

Dachsœwer is Jörg nich tau Hus. »Ik möt tau mien Arbeit führn un Geld verdeinen, dormit ji wat tau fräten hemm'«, secht hei vergnäucht un stråkt siene Schåp, ihrer hei in sien Auto instiegen deit. Naja, sall Jörg ruhig führen, de Schåp kåmen ok allein taurecht. Hunger hemm' sei jedenfalls nie nich, blots af un an ein bäten Langwiel. Wecker all dörch de Welt treckt is, de weit 'n bäten Uprägung tau schätzen! För Uprägung sorgt meistendeils Fussel, de Katt. Dat Fussel 'ne säute Mieskatt is, kann ein nich so recht seggen. Wenn hei sik mit de annern Kåters kloppen deit, deit hei twors nåhstens ümmer winnen œwer de Dusselviecher. Liekers süht hei achteran ümmer 'n bäten verknüddert ut. Steiht Äten up denn Gordendisch, steiht Fussel all pråt. Un hest du nich seihn, sitt hei båben up denn Disch un lickert Bodder, Wust un Käs, wenn Jörg blots ein'n Ogenblick nich acht gäben deit. »Man gaut, dat Fussel kein Schåpsfauder mach«, stellt Moppel fast. »Ik weit nich, ob wi sünst Frünn' wieren?« Denn dat sünd de vier mit Säkerheit: richtig gaude Frünn'!

* Måk korte Hacken!

Fussel is 'n klauken Kåter. Hei versteiht Platt un Hochdüütsch. Wiel hei giern dörch't Dörp strööpt, deit hei ok œwer allens Bescheid weiten, wat vör sik geiht. Ja, Fussel hett ümmer Klatsch un Niechs tau'n Högen tau vertellen. Klatsch un Niechs deit ok de Heister weiten. Sei wåhnt in denn groten ollen Linnenbom näben Jörg sien'n Hoff. Åwer sei kann de Schnut nich hollen un måkt Krach, wenn Fussel up Pirsch geiht. So männich Müsjacht hett de Heister em vermasselt. »Du olle Trine!«, schnuuft hei denn un schlöcht mit de Krallen nå ehr. Blots Rosa mach denn schwatt-witten Råwenvågel lieden, denn beid hemm' Glitzertüüch giern. Dor hett de Heister väl von in ehr Nest. Un wat de Heister nich mihr hemm' will, dat kricht Rosa. Ok de Heister hett hüürt, wat Jörg von sien'n Schatz vertellt hett. Dorüm wåhnt sei nu up denn Hoff un luert.

Nu åwer kümmt de Harfst mit de Langwiel neger un neger. Denn in'n Winter sünd de Schåp meisttiets in ehr'n Stall in de Schün. Un dor gifft dat nich väl tau seihn orrer tau biläwen.

In de Austtiet kricht Jörg miteins 'n Rappel. Hei rackt in'n Gorden un måkt allens 'n bäten schier un ornlich. Ümmertau schnackt hei wat von Urlaub, von 'n Permakultur-Seminar un väle Besäukers. De Schåp warden niescherig: »Blaumenkiekers« in ehr Dörp! Wenn dat nix is! Endlich 'n bäten Uprägung. Ok in't Hus is Jörg flietig un måkt allens blitzblank. Un denn sünd de Blaumenkiekers all dor: oll un jung Lüd, Dierns un Kierls. Sei wåhnen glieks näbenan in't Dörpsgemeinschaftshus. Blots twei junge Frugenslüd, Ulrike un Jette, wåhnen in Jörg sien Gästestuf. Jedein Dach sitten de Besäukers nu mit Jörg an'n groten Gordendisch, äten un klœnen. Un allens up Hochdüütsch, so dat de Schåp nix verståhn. Ok in'n Gorden sünd de Blaumenkiekers alle poor Näs lang un kieken un klœnen. »Worüm kieken un klœnen de blots un fräten dat Gräuntüüch nich?«, wunnert sik Moppel. »Wenn ik an ehr Stell wier …!« Rosa stupst Moppel in de Siet: »Uns Jörg kiekt ümmer nå disse Ulrike hen. Un sei kiekt ok so 'n bäten vertüdert.«

De Blaumenkiekers willen bet tau dat grote Erntedankfest an'n taukåmen Sünndach bliewen. Dor is ümmer väl los in't Dörp. Ein'n Åbend gåhn Jörg un Ulrike allein dörch denn Gorden. Räden daun sei nich väl. Dorför kieken sei sik in de Ogen un Jörg nimmt Ulrike ehr Hand. »Wat hett uns Jörg blots? Hei is so wunnerlich, is hei villicht krank, hett hei Weihdåch, dat hei so kieken deit?«, måkt Fuch sik Sorgen. »Ik glöf, de sünd verknallt!«, flustert Rosa un kann ehr Ogen gor nich afwennen von de beid. »Nee, nich wohr!?«, Moppel vergett vör Œwerraschung, dat Mul tautaumåken.

An'n Morgen kümmt Jörg mit de Blaumenkiekers in de Schün un wiest up de Truh. Sei ståhn tausåmen üm de Truh rümmer un schnacken upgeräächt. Man blots up Hochdüütsch. De Blaumenkiekers åwer måken grote Ogen un sünd baff. Säker hett Jörg verråden, wat dat för'n Schatz in de Truh is.

So kümmt de Åbend un de Harfstnäwel wääft ein witt Dauk œwer de Wischen. Sülwern geiht de Månd up, un allens is still un vull Fräden. De Schåp willen jüst in dat duften Stroh in ehren Stall inschlåpen, dor hüren sei ein Knarren. Bauz, sünd de Schåp wedder quicklebennig un seihn, woans de Schünendör upgeiht un twei Kierls klammlies rinner schlieken. De hemm' 'n lütten Bullerwågen dorbi un gåhn grådtau nå Jörg sien'n »gröttsten Schatz«, de oll, plötrig Truh. As fastwussen kieken de drei. Åwer de Kierls trecken driest mit de Truh up denn Wågen ut de Schün un verschwinnen in de düüster Nacht. Nu ierst kümmt Läwen in de Schåp un sei blöken sik binåh de Seel ut dat Lief. Åwer Jörg schlöppt sinnig wieder un dröömt von sien Ulrike. Blots Fussel steiht Knall up Fall in de düüster Schün.

* Deiwe! * Langfingers! * Jörg, upwåken!
* Tau Hülp, tau Hülp!

Los, achteran, Fussel! De hemm' Jörg sien'n Schatz mitgåhn låten! Kiek, wo sei dormit hen willen!«, blöökt Fuch hiddelich. Fussel versteiht fixing, dat dat nu iernst ward un hüppt mit'n groten Satz ut de Schün. Noch in de Schummerstunn' is hei taurüch, springt up denn Påhl von dat Schåpsgatter un deit sik ierstmål eins langtœgsch putzen. Allens möt sien Ordnung hemm'! Fuch duert dat väl tau lang. »Fussel«, schnuuft hei in Brass, »Nu man los! Wo is de Truh?« »Nich so rappelig!«, schnurrt de Kåter, lickt sik noch einmål un räkelt sik. »De Schatz is noch dor un kann nich wechlopen. De Deiwe hemm' em in dat Dörpsgemeinschaftshus bröcht.« »Dat heff ik mi doch dacht: de Blaumenkiekers! De hemm' Jörg sien'n Schatz muust!«, röppt Fuch gnatterig.

Maa*

Mäh*

Möh*

* Dien Schatz is wech, Jörg!   * De Langfingers hemm' dien Truh muust!
* Wi weiten, wo dien Truh is!   * Sech mål, bist du blind?

Nee, äben nicht«, schnurrt de Katt wedder, »de beiden Kierls sünd ut dat Dörp.« »Un wat måken wi nu?«, will Rosa weiten. »Wenn Jörg in de Schün kümmt, denn ward hei ja woll seihn, dat sien ›gröttsten Schatz‹ wech is«, œwerlecht Moppel. »Un wi måken Krawall«, secht Fussel, »bet Jörg begriepen deit, dat wi weiten, wo de Truh is.« »Un du, Fussel, du warst Jörg denn Wech tau'n Dörpsgemeinschaftshus wiesen.« »Jawoll!« sünd sik all einig un kœnen tauletzt doch noch inschlåpen.

An'n Morgen kümmt Jörg quietschfidel in de Schün, üm de Schåp tau faudern un up de Wied tau bringen. Åwer de Dussel is so verleift, dat hei gor nich marken deit, dat de Truh wech is. De Schåp fangen an, as mallerig tau blöken. Fussel springt up Jörg sien Schuller un maunzt em in't Uhr. Jörg blifft ståhn, treckt denn Kåter wech un sett em up de Fauderkist. Up'e Stell secht Fussel kein'n Mucks mihr un is gnatzig. »Wat is denn mit juuch los, sünd ji œwerkandiedelt?«, frocht Jörg baff un höllt sik de Uhren tau. Denn löppt hei ut de Schün un schlöcht de Dör achter sik tau.

Is de narrsch? De versteiht woll gor nix mihr!«, gnattert de Katt. »Hett blots noch sien Diern in'n Kopp.« »Villicht is sien ›gröttsten Schatz‹ nu nich mihr de Truh, sünnern Ulrike?«, kümmt dat Rosa in'n Sinn. Miteins is dat still in'n Stall un söss Ogen kieken up Rosa. »Dor kannst recht hemm'«, mummelt Moppel deipsinnig.

Denn ganzen Vörmeddach sünd de vier up de Koppel un œwerleggen, wat nu tau daun is. De Truh möt taurüch, ok wenn Ulrike nu de »gröttste Schatz« is! Wenn de Blaumenkiekers wech sünd un Ulrike villicht ok, will Jörg sien Truh säker wedder hemm'. 'Ne Fru hett Been tau'n Wechlopen. De Truh nich. Wat ein hett, dat hett ein. Dor sünd sik all einig!

oller Døsbaddel

Sei kåmen œwerein, dat sei noch in disse Nacht de Truh taurüch hålen warden. Fussel spioniert denn halwen Nåmeddach dat Dörpsgemeinschaftshus ut. Hei kiekt dörch Finster un Schlœtellöcker. Blaumenkiekers un Truh hett hei up'n Kieker. De beiden Deiwe ut dat Dörp kricht hei nich tau seihn. Un ok för de Truh deit sik schienbor keinein intressieren.

De Truh steiht ümmer noch up denn Bullerwågen«, vertellt Fussel, as hei trüch is. »Denn kann ein von uns Schåp denn Wågen trecken un wi annern schuwen«, œwerlecht Fuch. »Ik treck!«, bestimmt Moppel, »Ik bün de Stärkste.« Ein poor Seils tau'n Trecken finnen sei in de Schün. Nu möten s' blots noch up de Nacht täuwen, wenn allens schlöppt.

An'n Åbend kümmt de Heister up Besäuk. »He, Lüd«, schnarrt sei vergnäucht, »wenn ji dat henkriegen, dat oll Ding taurüch tau hålen, kœnen wi tausåmen rinnerkieken. Ik heff nämlich denn Schlœtel för de Truh.« »Hett de olle Trine ok all markt, dat de Schatz wech is?«, schnurrt Fussel griesgrämelig. »Un wat willst' dorför hemm'?«, frōcht Fuch misstruugsch. Hei kennt de Heister un weit, dat sei nix umsünst måken deit. »Ooch«, krächzt sei kattenfründlich, »soväl Glitzertüüch, as in mien Nest geiht. Un de Schlœtel för de Truh blifft ok mien.« » Wo hest du denn œwerhaupt her?«, piesackt Fuch de Heister. »Äh … in'n Gorden funnen.«

De vier Frünn' sünd sik nich säker, ob dat ok recht is, in de Truh tau kieken. Åwer sei sünd ok niescherig un willen dat Geheimnis nåhgråd uplösen. Un in'n Heisternest geiht ja nich so väl rin. »Gaut, denn måken wi dat so«, meint Fuch.

As all in't Dörp schlåpen un Rauh inkiehrt is, röppt blots noch de Kauz up denn ollen Friedhoff sien »Kuwitt, Kuwitt«. De Heister kann in de Nacht nich gaut kieken. Dorüm kann sei nich helpen. Åwer sei hett tausecht, dat sei in de Schummerstunn' denn Schlœtel bringt. Fussel måkt mit siene Poten dat Schåpsgatter up. Denn springt hei up Fuch sien Hüürn, üm ok denn Riegel von de Schünendör uptaumåken. Vörsichtig kieken sei üm de Eck. In't Hus is allens düüster un still, un ok dat Dörpsgemeinschaftshus licht verschlåpen in'n Schatten von de ollen Linnen. Nu möten sei liesing, bannig liesing sin, dat de Blaumenkiekers nich upwåken. Sachten måken sei de Dör up un schlieken tau denn Bullerwågen mit de Truh. Fussel knüddert 'ne Schleuf ut dat Seil un schmiet sei Moppel œwer. De Enns von't Seil vertüddert hei an'n Wågen. Moppel treckt an un Fuch un Rosa schuwen von achtern. Allens löppt as Wåter in'n Emmer. De Middernacht ist all vörbi, as de Schåp wedder in ehren Stall sünd.

Mit denn iersten Håhnskreih kümmt ok de Heister mit denn Schlœtel ut ehr Nest fladdert. Fussel weit an'n besten mit sien Poten ümtaugåhn. As hei denn Schlœtel in't Schlott ümdreihen deit, is 'n dump Klacken tau hüren. Vörsichtig stemmt Fuch sien Hüürn nå båben hen gägen denn Deckel, bet de upgåhn deit. In de Truh rückt dat nå Moder un Muff. Åwer de Schün is so düüster, dat de Dierte nich seihn kœnen, wat binnen is. Mutig springt Fussel in de Truh. Mit Mäuh un Not puckelt hei wat Schworet, Weiket ut de Kist. Ein grot Stück Stoff nå dat annere hålt hei rut. »Kledåschen!«, kümmt dat as ut ein'n Mul un Schnåbel. »Un denn noch so olle, stinkerige Plünnen!«, meint Rosa vergniddert. »Un kein Gold un Sülwer nich«, schnurrt de Katt spitzmulig un kiekt de Heister von de Siet an. Moppel kricht sik as ierste wedder in. Sei grippt sik ein Deil nå dat annere un bammelt sik dat œwer. »Sien gröttsten Schatz …!«, röppt sei un danzt dörch de Schün, »Is uns Jörg nu schnurrig orrer plem-plem?«

Kein Wunner ok, dat Jörg kein Fru nich hett. Sall de etwa so 'ne ollen Plünnen antrecken?«, kichert Rosa. As de Dierte wedder tau Rauh kåmen sünd, stoppen sei allens wedder trüch in de Truh. De Heister fladdert mit denn Schlœtel in ehr Nest. »Dat hett de olle Trine åwer düchtig de Supp verhågelt, sei secht gor nix mihr!«, freut sik Fussel.

De Schåp und de Kåter täuwen mäud up Jörg. Endlich hüren sei Schräd vör de Schün. Jörg måkt de Dör up, kümmt rin un blifft verdattert ståhn. »Woans kümmst du nu wedder her?«, fröcht hei unglööfsch. As dornåh ok noch Ulrike un Jette in de Schün kåmen, vergett Jörg, dat hei Hochdüütsch mit de Dierns schnacken möt. »Ik glöf dat nich, mien Truh is wedder dor! Klaus un Jonas hemm' de doch in't Dörpsgemeinschaftshus bröcht!«, vertellt hei verwunnert. De Dierns, de woll mihr Platt verståhn, as Jörg weiten deit, frågen: »Uns hat sowieso gewundert, dass du so ein wertvolles Stück einfach durch das Dorf transportieren lässt. Gehört eine 500 Jahre alte Truhe nicht eigentlich in ein Museum?«

Villicht«, œwerlecht Jörg, »åwer de Truh is nu mål dat öllste Arwdeil ut mien Fomilie. Sei hett denn 30-johrigen Krieg un de schwedische Besatzung œwerståhn. De gäf ik in kein Museum nich. De is mien gröttsten Schatz. Bi dat Erntedankfest sall sei up denn ståtschen Austwågen mitführen. Tausåmen mit de Trachtenlüd von't Dörp. Ach, un dor is noch wat«, Jörg ward nu 'n bäten verlägen un weit nicht recht, woans hei dat seggen sall. »In de Truh is 'ne Tracht för Frugenslüd … Ulrike willst' villicht … mit mi tauså men in Tracht tau't Erntefest?« De Schåp hollen denn Åten an, Jette ok. Jörg hålt sien'n Schlœtelbund ut de Tasch un schlött mit 'n Schlœtel, de akkerat so utsieht as de von de Heister, de Truh up. Ulrike is glieks begeistert, as sei de olle Tracht süht. »Oh! Was für ein tolles Teil ist das denn!«, secht sei fidel, »Klar zieh ich die an! Ist das auch ein Erbstück?« »Hhm«, grient Jörg siene Ulrike taufräden an, »von meiner Uroma.« Jette ritt nu bald de Geduld, un sei treckt Ulrike ut de Schün: »Ich will ja nicht drängeln, aber wir haben noch viel für das Fest vorzubereiten.«

Dat is also so besünners an de Truh: ehr Öller. Soväl hemm' de Schåp verståhn. Begriepen kœnen sei dat liekers nich. Nie nich willen sei ollen Kråms hemm': 500 Johr ollet Heu orrer 'n 500 Johr ollen Stall. Dor verståh ein de Minschen!

Jonas un Klaus hålen noch an'n Vörmeddach de Truh wedder af. De Trachten hangen an de Huswand tau'n Lüften, dormit de Geruch von dat Mottenmiddel verschwinnen deit. Jörg will denn ganzen Dach rutfinnen, wecker de Truh taurüch bröcht hett. Åwer keinein hett wat seihn orrer hüürt. »Dann waren es wohl meine Schafe«, œwerlecht hei un kiekt sien Dierte nådenkern an. All amüsiern sik œwer denn Witz, blots Jörg nich. An'n Nåmeddach kåmen ein poor Blaumenkiekers tau'n Backen un Ätenmåken in Jörg sien Kœk, wiel morgen ja dat grote Fest is.

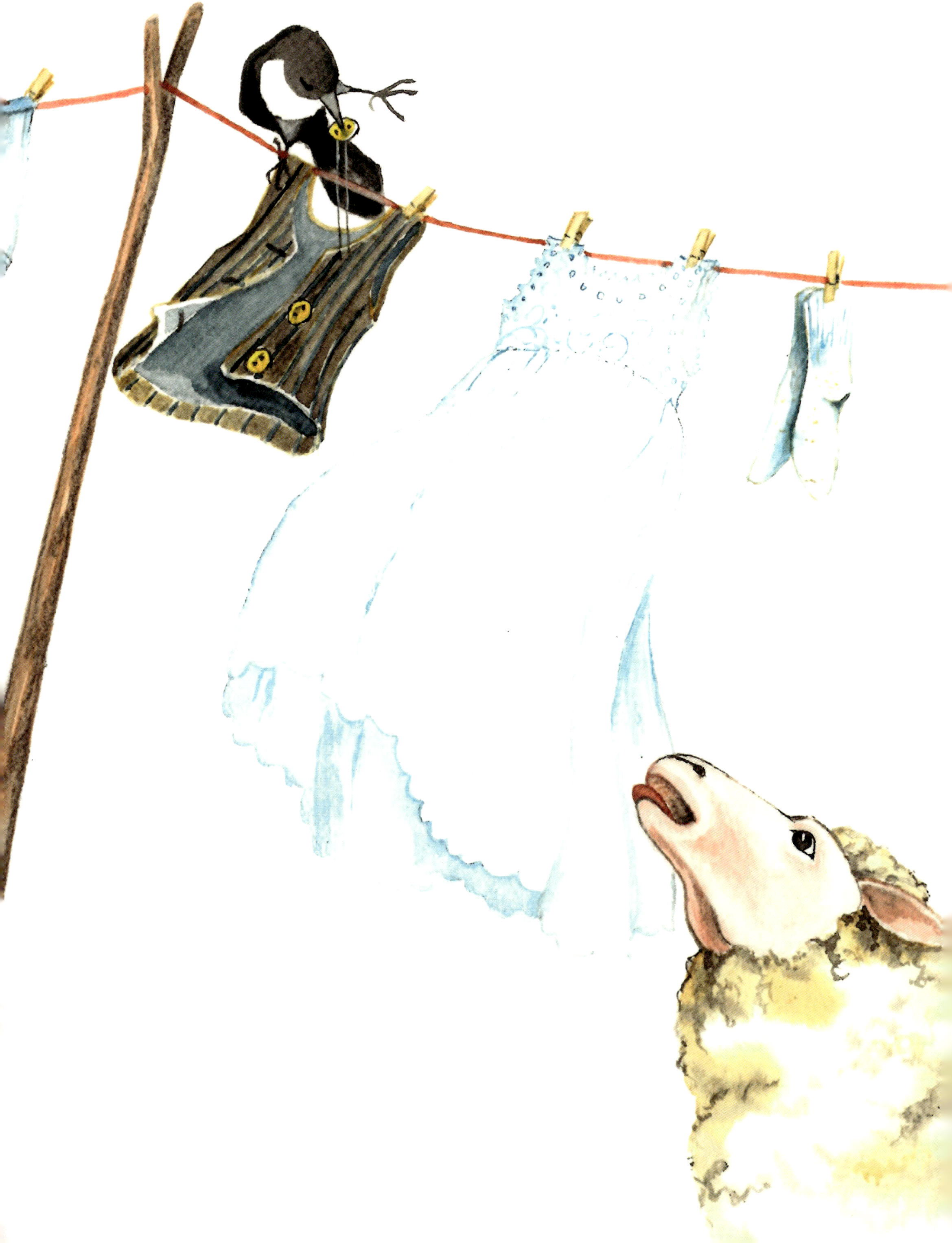

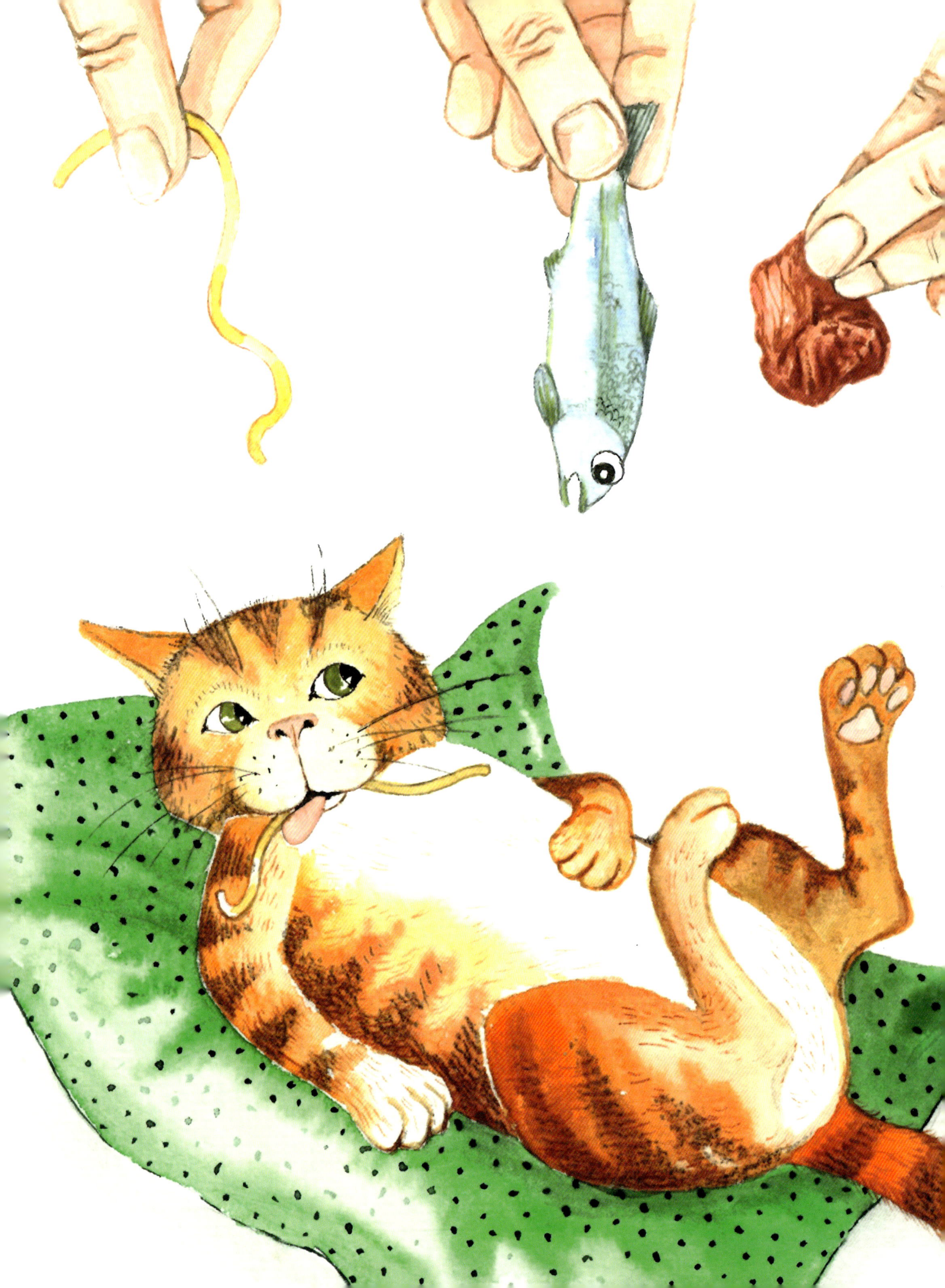

Fussel un de Heister låten sik denn ganzen Dach nich mihr seihn. De Heister sitt gnatzig in ehr Nest un deit ehr Schätze tellen. Fussel is för hüt in de Kœk rinnertreckt. De Blaumenkiekers sünd nich knickerig mit Lickerhappen. Un wenn Fussel jüst nich fräten deit, schlöppt hei up't Finsterbrett. De Nacht wier nu mål uprägend wäst.

Ok up de Schåpswied is Rauh inkiehrt. As dat tau schummern anfangt un Jörg de Schåp in'n Stall raupen deit, rööcht sik näbenan wat up de Koppel von dat Dörpsgemeinschaftshus. Ein Kleintransporter führt bet an dat Gatter vör un måkt sien Dör up. Jüst as Jörg de Stalldör taumåken will, blinkert wat Wittet, Plüschiget up. Åwer dor geiht de Dör all tau. Dat Plüschige möt bet morgen täuwen.

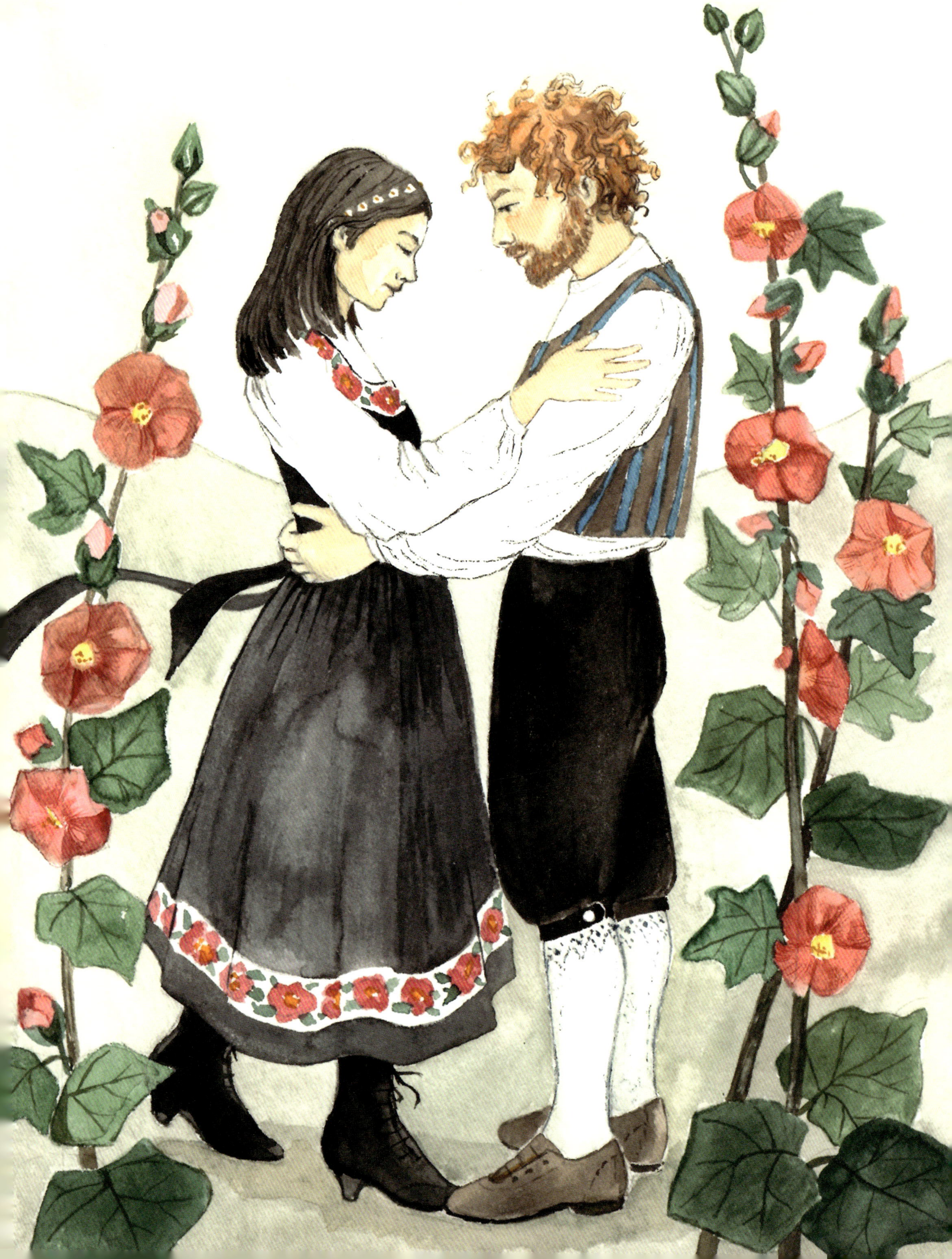

An'n annern Dach schient de Sünn. As Jörg tiedig in'n Stall kümmt, üm de Schåp tau faudern, is all Läwen in't Hus. Låterhen kåmen Ulrike un Jörg in ehr Tracht ut dat Hus un seihn einfach blots sünnerbor ut, finnt Moppel. »Dat is, as wenn ik mien'n afschoren Pelz von't verläden Johr wedder antreck«, meint sei. Up de Blaumenkiekers åwer måkt dat Indruck. »Bezaubernd!«, »Wunderschön!«, »Ah und Oh!«, fläut dat von alle Sieden. De Schåp hemm' nauch hüürt, nu ward dat Tiet, up de Wied tau kåmen. As sei jüst üm de Huseck schlurpen, tucken sei up eins tausåmen un kieken verdattert. Näbenan steiht dat Witte, Plüschige un måkt up wunnerbåre Oort Mäh, Maa un Möh. Rosa un Moppel sünd hen un wech.

Dat ward de grotorrigste Dach in dissen Harfst. Rosa un Moppel kåmen nich von'n Tun wech, wo up de anner Siet dat Witte, Plüschige steiht, dat Friedrich heiten deit. Hei is de schönste Buck, denn man sik as Schåpsmäten blots vörstellen kann. Un sei hemm' sik so väl tau vertellen. Fuch lett de jungschen Schåp måken. Hei bruukt dat hüt 'n båten kommodiger. De Harfst hett noch väle Dåch tau'n Klœnen. An'n låten Nåmeddach kümmt Fussel vörbi. Hei hett sik so vullfräten, dat em nu kodderig is.

Behåglich nuschelt hei sik an denn ollen Hammel an, üm 'n Nickerchen tau måken. Bet in de Nacht sünd Musik un Lachen von de Festwisch tau hüren.

An'n annern Morgen nåh dat Frühstück packen de Blaumenkiekers ehr Såken in, un denn geiht dat nå Hus. All führen sei af, blots nich Ulrike. Sei blifft un deit mit Jörg winken. »Denn hemm' wi nu twei Schätze orrer sogor drei!?«, œwerlecht Fuch, denn Rosa un Moppel ståhn all wedder an'n Tun bi Friedrich.

Måh!

Mäh! Maa! Möh! Und die alte Schatztruhe

S. 3   Rosa, Moppel und der alte Hammel Fuch sind drei kluge und mutige Schafe, die in ihrem Schafsleben schon ordentlich was erlebt haben: Plattsprechen lernten sie bei ihrem alten Bauern Heini. Der wurde dann aber krank, und ihre neue Familie war nicht gut zu ihnen. Darum sind die drei in die weite Welt gezogen, haben den Schlachter, den Wolf und den Jäger überlebt und ein neues Zuhause gefunden. Bei Jörg, einem Plattschnacker, ist das Schafsleben nun wieder angenehm und friedlich. Auf dem Hof gibt es auch Hühner und eine freche, rote Katze, die Fussel heißt. Hinter Jörgs Haus unter den Apfelbäumen ist eine große Wiese. Und wenn sie die abgegrast haben, zieht Jörg mit den Schafen durch das Dorf und über das Feld zu einer anderen Wiese. Zuerst Jörg, hinterdrein Fussel, dann Fuch und Rosa und zuletzt die dicke Moppel. Auf Moppel müssen sie immer ein bisschen warten. Sie ist nicht so schnell, hat das Maul gern in den Büschen, um zu fressen.

S. 5   Mit ihrem Jörg ist das so eine Sache! Er ist nicht wie die anderen Leute. Eine Frau und Kinder hat er nicht und ist doch schon über 30 Jahre alt. Dass er Schafe und keinen Rasenmäher hat, ist sonderbar, hat aber seine Ordnung. Darüber wollen sie lieber schweigen. Aber Jörgs Garten sieht nicht so ordentlich aus wie bei den Nachbarn. Er redet immer von »Permakultur«. Was, bitte, soll das denn sein? Und dann hat Jörg noch eine andere Eigenart. Er sammelt alten Krimskrams: alte Möbel, alte Klamotten und noch manch anderes Zeug. In der Scheune steht eine alte, ramponierte Truhe. »Die ist mein größter Schatz«, erzählt er gern. Was da wohl drin ist, wollen die Schafe gerne wissen. »Gold und Silber vielleicht?«, meint Rosa verträumt. »Oder was Gutes zum Fressen!«, ist sich Moppel sicher. »Aber warum steht Jörgs größter Schatz in der Scheune und nicht im Haus?«, wundert sich Fuch. Kein Wunder also, dass Jörg keine Frau hat! Nicht, dass die Schafe ihm das verübeln. Was sollen sie mit einer Frau! Aber niemand ist gern allein auf der Welt. Das ist bei den Tieren ja nicht anders.

S. 6   Tags ist Jörg nicht zu Hause. »Ich muss zur Arbeit und Geld verdienen, damit ihr was zum Fressen habt«, sagt er vergnügt und streichelt seine Schafe, bevor er in sein Auto steigt. Naja, soll Jörg ruhig fahren, die Schafe kommen auch allein zurecht. Hunger haben sie jedenfalls nicht, nur ab und zu ein bisschen Langeweile. Wer schon durch die Welt gezogen ist, der weiß ein bisschen Aufregung zu schätzen! Für Aufregung sorgt meistens Fussel, die Katze. Dass Fussel eine süße Miezekatze ist, kann man nicht gerade sagen. Wenn er sich mit den anderen Katern prügelt, gewinnt er zwar meistens. Trotzdem sieht er hinterher immer ein wenig zerzaust aus. Steht Essen auf dem Tisch, ist Fussel zur Stelle. Und hast du nicht gesehen, sitzt er auf dem Tisch und schleckt Butter, Wurst und Käse, wenn Jörg nur einen Augenblick nicht achtgibt. »Nur gut, dass Fussel kein Schafsfutter mag«, stellt Moppel erleichtert fest. »Ich weiß nicht, ob wir sonst Freunde wären?« Denn das sind die vier mit Sicherheit: richtig gute Freunde!

S. 9   Fussel ist ein kluger Kater. Er versteht Platt und Hochdeutsch. Weil er gern durch das Dorf streunt, weiß er über alles Bescheid, was vor sich geht. Ja, Fussel sorgt mit Klatsch und Neuigkeiten für Unterhaltung. Klatsch und Neuigkeiten weiß auch die Elster. Sie wohnt in der alten Linde neben Jörgs Hof. Aber sie ist eine olle Petze und macht Krach, wenn Fussel auf Pirsch geht. Schon so manche Mäusejagd hat die Elster ihm vermasselt. »Du olle Trine!«, faucht er die Elster dann an und schlägt mit den Krallen nach ihr.

Nur Rosa mag den schwarz-weißen Rabenvogel, denn beide lieben Glitzerzeug. Davon hat die Elster viel in ihrem Nest. Und was die Elster nicht mehr haben will, das bekommt Rosa. Auch die Elster hat gehört, wie Jörg von seinem Schatz geredet hat. Seitdem wohnt sie auf dem Hof und lauert. Jetzt aber kommt der Herbst mit der Langeweile näher und näher. Denn im Winter sind die Schafe meistens in ihrem Stall in der Scheune. Und da gibt es nicht viel zu sehen oder zu erleben.

S. 10 **W**ährend der Erntezeit kriegt Jörg plötzlich einen Rappel. Er rackt in seinem Garten und schafft ein bisschen Ordnung. Dauernd redet er von Urlaub, einem Seminar zur »Permakultur« und vielen Besuchern. Die Schafe werden neugierig: Blumenkucker (Touristen) in ihrem Dorf! Wenn das nichts ist! Endlich mal ein bisschen Aufregung. Auch im Haus ist Jörg fleißig und putzt. Und dann sind die Blumenkucker da. Alte und junge Leute, Frauen und Männer. Sie wohnen gleich nebenan im Dorfgemeinschaftshaus. Nur zwei junge Frauen, Ulrike und Jette, wohnen in Jörgs Gästezimmer. Jeden Tag sitzen alle Besucher mit Jörg am großen Gartentisch, essen und schwatzen. Und alles auf Hochdeutsch, so dass die Schafe nichts verstehen. Auch im Garten sind die Blumenkucker alle naselang und kucken und reden. »Warum kucken und reden die bloß und fressen das Grünzeug nicht?«, wundert sich Moppel. »Wenn ich an ihrer Stelle wär …!« Rosa stupst Moppel in die Seite: »Unser Jörg schaut immer zu dieser Ulrike. Und sie kuckt auch so ein bisschen verschossen.«

S. 13 **D**ie Blumenkucker wollen bis zum großen Erntedankfest am kommenden Wochenende bleiben. Da ist immer viel los im Dorf. Eines Abends gehen Jörg und Ulrike allein durch den Garten. Reden tun sie nicht viel. Stattdessen schauen sie sich in die Augen und Jörg nimmt Ulrikes Hand. »Was hat Jörg nur? Er ist so wunderlich, ist er vielleicht krank, hat er Schmerzen, dass er so kuckt?«, macht sich Fuch Sorgen. »Ich glaube, die haben sich verliebt!«, flüstert Rosa und kann ihre Augen gar nicht von den beiden abwenden. »Nein, nicht wahr!?«, Moppel vergisst vor Überraschung, das Maul zuzumachen. Am Morgen kommt Jörg mit den Blumenkuckern in die Scheune und zeigt auf die Truhe. Sie stehen zusammen um die Truhe und reden aufgeregt. Leider auf Hochdeutsch. Die Blumenkucker aber machen große Augen und kommen aus dem Staunen nicht heraus. Sicher hat Jörg ihnen verraten, was das für ein Schatz in der Truhe ist.

S. 14 **S**o kommt der Abend und der Herbstnebel webt ein weißes Tuch über die Wiesen. Silbern geht der Mond auf und alles ist still und voller Frieden. Die Schafe wollen gerade im duftenden Stroh des Stalls einschlafen, als sie ein knarrendes Geräusch hören. Plötzlich hellwach, sehen sie, wie sich die Stalltür öffnet und zwei Gestalten hereinschleichen. Sie haben einen kleinen Handwagen dabei und steuern schnurstracks auf Jörgs »größten Schatz«, die alte, ramponierte Truhe, zu. Wie versteinert beobachten das die drei. Aber die Männer ziehen frech mit der Truhe auf dem Wagen aus der Scheune und verschwinden in die dunkle Nacht hinein. Jetzt endlich kommen die Schafe wieder zu sich und sie blöken sich fast die Seele aus dem Leib. Aber Jörg schläft selig weiter und träumt von seiner Ulrike. Nur Fussel steht plötzlich wie aus dem Nichts in der Dunkelheit der Scheune.

S. 16   »Los, hinterher, Fussel! Die haben Jörgs Schatz geklaut. Schau, wo sie ihn hinbringen!«, blökt Fuch aufgeregt. Fussel erfasst sofort den Ernst der Lage und ist mit einem Satz aus der Scheune verschwunden. Noch im Morgengrauen ist er zurück, springt auf den Pfosten vom Schafsgatter und beginnt sich ausgiebig zu putzen. Ordnung muss schließlich sein! Fuch dauert das viel zu lang. »Fussel!«, schnaubt er wütend, »Jetzt erzähl schon! Wo ist die Truhe?« »Immer mit der Ruhe!«, schnurrt der Kater, schleckt sich ein letztes Mal und streckt sich. »Im Moment läuft der Schatz nicht weg und ist noch ganz in der Nähe. Die Diebe haben ihn in das Dorfgemeinschaftshaus gebracht.« »Ich wusste es: die Blumenkucker! Die haben Jörgs Schatz geklaut!«, ruft Fuch zornig.

S. 19   »Nee, eben nicht«, schnurrt der Kater, »die beiden Männer sind aus dem Dorf.« »Und was machen wir jetzt?«, will Rosa wissen. »Wenn Jörg nachher in den Stall kommt, wird er sofort merken, dass sein ›größter Schatz‹ weg ist«, überlegt Moppel. »Wir machen solange Krach«, setzt Fussel fort, »bis Jörg begreift, dass wir wissen, wo die Truhe ist.« »Und du, Fussel, zeigst Jörg den Weg zum Dorfgemeinschaftshaus.« »Jawoll!« sind sich alle einig und können endlich doch noch einschlafen.
Am Morgen kommt Jörg fröhlich in den Stall, um die Schafe zu füttern und auf die Weide zu lassen. Aber der Dussel ist so verliebt, dass er gar nicht bemerkt, dass die Truhe fehlt. Die Schafe fangen wild zu blöken an. Fussel springt auf Jörgs Schulter und stimmt miauend ein. Jörg bleibt wie angewurzelt stehen, zerrt den Kater weg von seinem Ohr und setzt ihn auf die Futtertruhe. Fussel verstummt sofort und ist beleidigt. »Was ist denn mit euch los, seid ihr verrückt geworden?«, fragt Jörg entgeistert und hält sich die Ohren zu. Dann ergreift er die Flucht und schlägt die Tür hinter sich zu.

S. 20   »Ist der verrückt? Der versteht wohl gar nichts mehr!«, mault die Katze. »Hat bloß noch sein Mädchen im Kopf.« »Vielleicht ist sein ›größter Schatz‹ nun nicht mehr die Truhe, sondern Ulrike?«, kommt es Rosa plötzlich in den Sinn. Schlagartig ist es still im Stall und sechs Augen schauen auf Rosa. »Da ist was dran«, murmelt Moppel nachdenklich.
Den ganzen Vormittag sind die vier auf der Koppel und überlegen, was nun zu tun ist. Die Truhe muss zurück! Auch wenn Ulrike plötzlich wichtiger sein sollte. Wenn die Blumenkucker weg sind und Ulrike vielleicht auch, wird Jörg seine Truhe sicher wieder haben wollen. Eine Frau hat Beine zum Weglaufen. Die Truhe nicht. Was man hat, das hat man. Da sind sich alle einig!

S. 22   Sie beschließen, in der kommenden Nacht loszuziehen und die Truhe zurückzuholen. Fussel spioniert den halben Nachmittag das Dorfgemeinschaftshaus aus. Er schaut durch Fenster und Schlüssellöcher. Die Blumenkucker und die Truhe beobachtet er. Die beiden Diebe aus dem Dorf lassen sich nicht blicken. Und auch für die Truhe scheint sich niemand zu interessieren.

S. 23   »Die Truhe steht immer noch auf dem Bollerwagen«, berichtet Fussel schließlich. »Dann muss eines von uns Schafen die Truhe ziehen und wir anderen schieben«, überlegt Fuch. »Ich ziehe!«, bestimmt Moppel. »Ich bin die Stärkste.« Ein paar Seile zum Ziehen finden sie in der Scheune. Jetzt müssen sie nur noch auf die Nacht warten, wenn alles schläft.

S. 24 Gegen Abend kommt die Elster zu Besuch. »He Leute«, schnarrt sie vergnügt, »wenn ihr es schafft, das alte Ding zurückzuholen, dann können wir zusammen gucken, was drin ist. Ich habe nämlich den Schlüssel zur Truhe.« »Hat die olle Trine auch schon gemerkt, dass der Schatz weg ist?«, schnurrt Fussel verärgert. »Und was willst du dafür haben?«, fragt Fuch misstrauisch. Schließlich kennt er die Elster und weiß, dass sie nichts umsonst macht. »Ooch«, krächzt sie scheinheilig, »soviel Glitzerzeug, wie in mein Nest passt. Und den Schlüssel zur Truhe behalte ich natürlich auch.« »Woher hast du den überhaupt?«, hakt Fuch nach. »Äh … im Garten gefunden.« Die vier Freunde sind sich nicht sicher, ob es richtig ist, in die Truhe zu schauen. Aber auch sie sind neugierig und wollen das Truhengeheimnis endlich lüften. Und in ein Elsternest passt ja nicht allzu viel. »Also abgemacht«, meint Fuch schließlich.

S. 27 Als alle im Dorf schlafen und Ruhe eingekehrt ist, ruft nur noch das Käuzchen auf dem alten Friedhof sein »Kuwitt, Kuwitt«. Die Elster kann nachts nicht gut kucken. Deshalb ist sie nicht mit dabei. Aber sie hat versprochen, im Morgengrauen den Schlüssel zu bringen. Fussel öffnet mit seinen Pfoten das Schafsgatter. Dann springt er auf Fuchs Hörner, um auch den Riegel der Stalltür aufzusperren. Vorsichtig lugen sie um die Ecke. Im Haus ist alles dunkel und still, und auch das Dorfgemeinschaftshaus liegt verschlafen im Schatten der alten Linden. Jetzt müssen sie leise, sehr leise sein, damit die Blumenkucker nicht wach werden. Sachte öffnen sie die Tür und schleichen zum Bollerwagen mit der Truhe. Fussel knüpft aus dem Seil eine Schlaufe zusammen und wirft sie Moppel über. Die Seilenden befestigt er am Wagen. Dann zieht Moppel an, während Fuch und Rosa von hinten schieben. Alles läuft wie am Schnürchen. Es ist bereits weit nach Mitternacht, als die Schafe endlich wieder im Stall sind.

S. 28 Mit dem ersten Hahnenschrei kommt auch die Elster mit dem Schlüssel aus ihrem Nest geflattert. Fussel hat die geschicktesten Pfoten. Als er den Schlüssel im Schloss umdreht, ist ein dumpfes Klacken zu hören. Vorsichtig drückt Fuch mit seinen Hörnern den Deckel nach oben, bis der aufgeht. Ein muffiger Geruch dringt aus der Kiste. Aber in der Scheune ist es so dunkel, dass die Tiere nicht allzu viel erkennen. Daher springt Fussel mutig in die Kiste. Mühsam zerrt er an etwas Schwerem, Weichem. Endlich befördert er ein großes Stück Stoff nach dem anderen ans Licht. »Klamotten!«, kommt es wie aus einem Maul beziehungsweise Schnabel. »Und dann noch so altes, muffiges Zeug!«, ist Rosa enttäuscht. »Und kein Gold und Silber«, schnurrt die Katze schadenfroh und schaut die Elster von der Seite an. Moppel fasst sich als erste wieder. Sie schnappt sich ein Teil nach dem anderen und hängt es sich über. »Sein größter Schatz … !«, ruft sie und tanzt durch die Scheune, »Ist Jörg nur komisch oder schon verrückt?«

S. 31 **K**ein Wunder, dass Jörg keine Frau hat. Soll die etwa so altes Zeug anziehen?«, kichert Rosa. Als die Tiere sich beruhigt haben, stopfen sie alles wieder in die Truhe. »Da hat es der ollen Trine aber die Sprache verschlagen«, freut sich Fussel, nachdem die Elster mit dem Schlüssel in ihr Nest geflogen ist. Die Schafe und der Kater warten müde auf Jörg. Endlich hören sie Schritte vor der Scheune. Jörg öffnet die Tür, kommt herein und bleibt wie angewurzelt stehen. »Wie kommst du denn wieder her?«, fragt er ungläubig. Als kurz darauf auch Ulrike und Jette die Scheune betreten, vergisst Jörg, dass er Hochdeutsch mit den Mädchen reden muss. »Meine Truhe ist wieder da, dabei hatten Klaus und Jonas sie doch ins Dorfgemeinschaftshaus gebracht!«, erzählt er ratlos. Die Mädels, die offenbar besser Platt verstehen, als Jörg glaubt, fragen: »Uns hat sowieso gewundert, dass du so ein wertvolles Stück einfach so durch das Dorf transportieren lässt. Gehört eine 500 Jahre alte Truhe nicht eigentlich in ein Museum?«

S. 32 **V**ielleicht«, überlegt Jörg, »aber sie ist nun mal das älteste Erbstück aus meiner Familie. Sie hat den 30-jährigen Krieg und die schwedische Besatzung überstanden. Die gebe ich in kein Museum. Die ist mein größter Schatz. Sie soll beim Erntedankfest auf dem geschmückten Erntewagen mitfahren, zusammen mit der Trachtengruppe des Dorfes. Übrigens … «, Jörg wird verlegen und sucht nach Worten, »in der Truhe ist noch eine Frauentracht … Ulrike ich wollte dich fragen … ob du Lust hättest … meine Partnerin beim Umzug zu sein.« Die Schafe halten den Atem an, Jette auch. Jörg holt sein Schlüsselbund aus der Tasche und schließt mit einem Schlüssel, der genau so aussieht wie der Elsterschlüssel, die Truhe auf. Ulrike ist gleich begeistert, als sie die alte Tracht herausholt. »Oh! Was für ein schönes Teil ist das denn!«, sagt sie begeistert, »Klar zieh ich die an! Ist das auch ein Erbstück?« »Hhm«, strahlt Jörg seine Ulrike erleichtert an, »von meiner Uroma.« Jette wird langsam ungeduldig und zieht Ulrike aus der Scheune: »Ich will ja nicht drängeln, aber wir haben noch viel für das Fest vorzubereiten.«

S.34 **D**as also macht die Truhe so wertvoll: ihr Alter. Soviel haben die Schafe verstanden. Begreifen können sie es trotzdem nicht so recht. Niemals würden sie uralte Dinge haben wollen: 500 Jahre altes Heu oder einen 500-jährigen Stall. Da verstehe einer die Menschen! Jonas und Klaus holen noch am Vormittag die Truhe wieder ab. Die Trachten hängen an der Hauswand zum Lüften, damit der Geruch des Mottenmittels etwas verschwindet. Jörg versucht den ganzen Tag herauszubekommen, wer die Truhe zurück gebracht hat. Aber niemand hat was gesehen oder gehört. »Dann waren es wohl meine Schafe«, überlegt Jörg und schaut seine Tiere nachdenklich an. Alle lachen über den Witz, nur Jörg nicht. Einige der Blumenkucker rücken am Nachmittag zum Backen und Salatemachen in Jörgs Küche ein, denn morgen ist das große Fest.

S. 37 **F**ussel und die Elster lassen sich den ganzen Tag nicht mehr blicken. Die Elster sitzt beleidigt in ihrem Nest und zählt ihre Schätze. Fussel ist für heute in die Küche gezogen. Die Blumenkucker sind nicht knauserig mit Leckerbissen. Und wenn Fussel gerade nicht am Fressen ist, schläft er auf dem Fensterbrett. Die Nacht war schließlich anstrengend. Auch auf der Schafsweide ist Ruhe eingekehrt. Als die Dämmerung hereinbricht und Jörg die Schafe in den Stall ruft, tut sich nebenan auf der Koppel des Dorfgemeinschaftshauses etwas. Ein Kleintransporter fährt bis an das Gatter vor und öffnet seine Türen. Gerade als Jörg die Stalltür schließen will, erhaschen die Schafe noch einen letzten Blick auf etwas Weißes, Pelziges. Aber schon ist die Tür zu. Das Pelzige muss bis morgen warten.

S. 39　**D**er Tag beginnt mit strahlendem Sonnenschein. Als Jörg zeitig in den Stall kommt, um die Schafe zu füttern, herrscht im Haus bereits emsiges Treiben. Wenig später kommen Ulrike und Jörg in ihren Trachten aus dem Haus und sehen einfach nur sonderbar aus, findet Moppel. »Das ist so, als wenn ich mir meinen abgeschorenen Pelz vom vorletzten Jahr wieder ›anziehen‹ würde«, meint sie. Die Blumenkucker jedoch sind begeistert. »Bezaubernd!«, »Wunderschön!«, »Ah und Oh!«, flötet es von allen Seiten. Den Schafen reicht das, es wird Zeit, auf die Weide zu kommen. Kaum biegen sie um die Hausecke, erstarren sie plötzlich. Nebenan steht das Weiße, Pelzige und lässt einige wunderbare Mähs, Maas und Möhs ertönen, von denen besonders Rosa und Moppel sofort hingerissen sind.

S. 40　**E**s wird der grandioseste Tag des Herbstes. Rosa und Moppel kommen kaum vom Zaun weg, auf dessen anderer Seite das Weiße, Pelzige steht, das übrigens Friedrich heißt. Er ist der schönste Bock, den man sich als Schafsmädchen nur vorstellen kann. Und sie haben sich so viel zu erzählen. Fuch lässt die jungen Schafe machen. Er braucht es heute etwas ruhiger. Der Herbst hat noch viele Tage zum Plaudern. Am späten Nachmittag kommt Fussel vorbei. Er hat so viel gefressen, dass ihm nun schlecht ist.

S. 41　**W**ohlig kuschelt er sich an den alten Hammel, um ein Schläfchen zu machen. Bis weit in die Nacht erklingen Musik und Lachen von der Festwiese. Am anderen Morgen packen die Blumenkucker ihre Sachen zusammen, um nach dem Frühstück nach Hause zu fahren. Alle fahren ab, bis auf Ulrike. Sie bleibt und winkt mit Jörg den anderen hinterher. »Dann haben wir jetzt wohl zwei Schätze oder sogar drei«, überlegt Fuch, denn Rosa und Moppel stehen längst wieder am Zaun bei Friedrich.

Anke Ortlieb, Jahrgang 1971, lebte viele Jahre in einem alten mecklenburgischen Pfarrhaus mit einem riesigen Garten. Und natürlich hatten dort auch Schafe ihr Zuhause, denn jemand musste ja den Rasen kurz halten. Rosa, Moppel und Fuch hat es also wirklich gegeben. Fuch wurde als Lämmchen mit der Flasche großgezogen. Er begleitete die Autorin auf vielen Spaziergängen und war das freundlichste und zahmste Schaf, das man sich nur vorstellen kann. Moppel war genauso verfressen, wie sie im Buch beschrieben wird. Und Rosa respektierte keinen Zaun. »Mäh! Maa! Möh! Und de oll Schatztruh« ist die Fortsetzung der Geschichte um die drei plattdeutsch sprechenden Schafe. Der erste Band »Mäh! Maa! Möh! Versteihst?« wurde 2019 mit dem Fritz-Reuter-Literaturpreis ausgezeichnet.

Anke Ortlieb lernte Niederdeutsch schon als Kind von ihrer Mutter. Später las sie viele Bücher auf platt. Dabei hat sie festgestellt, dass es leider noch zu wenig moderne Bücher für Kinder und Jugendliche in der niederdeutschen Sprache gibt. Die Illustrationen zu dem Buch stammen ebenfalls von der Autorin, die auch als Illustratorin tätig ist.

Mit freundlicher Unterstützung von:
Kompetenzzentrum für Niederdeutschdidaktik
der Universität Greifswald

Orthografie nach Renate Herrmann-Winter:
- neues hochdeutsch-plattdeutsches Wörterbuch, Hinstorff, 2. Auflage 2003
- Hör- und Lernbuch für das Plattdeutsche, Hinstorff 2006

Impressum

© 2021 DEMMLER VERLAG GmbH
  An der Bäderstraße 7c, 18311 Ribnitz-Damgarten
  Tel.: 03821 / 425514-0, Fax: 03821 / 425514-2
  www.demmlerverlag.de

Alle Rechte vorbehalten.
Nachdruck, Vervielfältigung und Verbreitung – auch von Teilen – bedürfen der ausdrücklichen Genehmigung des Verlages. Das gilt insbesondere für Übersetzungen, Mikroverfilmungen und die Einspeicherung und Verbreitung in elektronischen Systemen.

Bilder:	Anke Ortlieb
Lektorat:	Ulrike Stern
Layout, Satz:	Anke Ortlieb
Schrift:	Garamond
Titelgestaltung:	Anke Ortlieb
Druck:	Jelgavas tipogrāfia, Jelgava

1. Auflage 2021
ISBN: 978-3-944102-43-6